мактаб - l'école   2
саёҳат - le voyage   5
транспорт - le transport   8
шаҳар - la ville   10
манзара - le paysage   14
ресторан - le restaurant   17
супермаркет - le supermarché   20
ичимликлар - les boissons   22
таом - l'alimentation   23
чорвачилик хўжалиги - la ferme   27
уй - la maison   31
меҳмонхона - le salon   33
ошхона - la cuisine   35
ваннахона - la salle de bain   38
болалар хонаси - la chambre d'enfant   42
кийим - les vêtements   44
идора - le bureau   49
иқтисод - l'économie   51
касблар - les professions   53
асбоблар - les outils   56
мусиқа асбоблари - les instruments de musique   57
ҳайвонот боғи - le zoo   59
спорт ўйинлари - les sports   62
машғулот - les activités   63
оила - la famille   67
тана - le corps   68
шифохона - l'hôpital   72
тез ёрдам - l'urgence   76
Ер - la terre   77
соат - ...heure(s)   79
хафта - la semaine   80
йил - l'année   81
шакллар - les formes   83
ранглар - les couleurs   84
қарама-қарши маъноли сўзлар - les oppositions   85
рақамлар - les nombres   88
тиллар - les langues   90
ким / нима / қандай - qui / quoi / comment   91
қаерда - où   92

Impressum
Verlag: BABADADA GmbH, Nedderfeld 112 , 22529 Hamburg
Geschäftsführer / Verlagsleitung: Harald Hof
Druck: Books on Demand GmbH, In de Tarpen 42, 22848 Norderstedt

Imprint
Publisher: BABADADA GmbH, Nedderfeld 112 , 22529 Hamburg, Germany
Managing Director / Publishing direction: Harald Hof
Print: Books on Demand GmbH, In de Tarpen 42, 22848 Norderstedt

мактаб

l'école

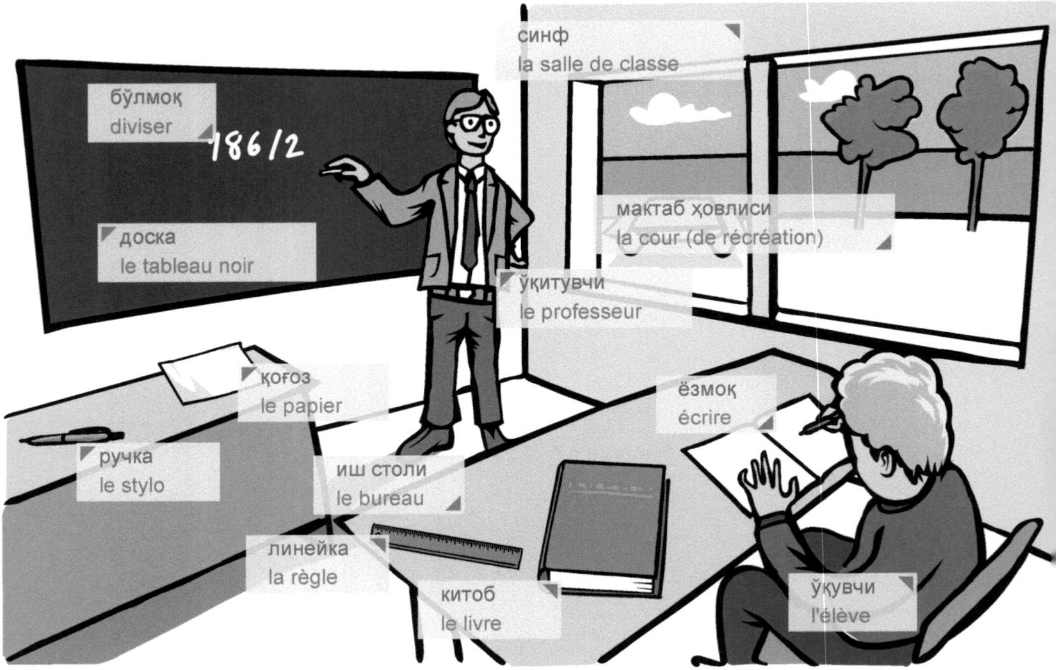
синф
la salle de classe
бўлмоқ
diviser
186/2
мактаб ҳовлиси
la cour (de récréation)
доска
le tableau noir
ўқитувчи
le professeur
қоғоз
le papier
ёзмоқ
écrire
ручка
le stylo
иш столи
le bureau
линейка
la règle
китоб
le livre
ўқувчи
l'élève

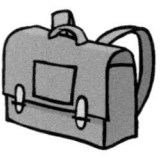

осма сумка

le cartable

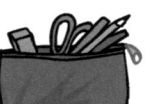

қаламдон

la trousse

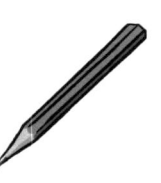

қалам

le crayon

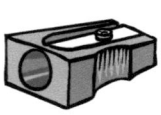

қалам учлагич

le taille-crayon

ўчиргич

la gomme

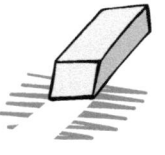

расм албоми

le carnet à dessin

чизмачилик

le dessin

бўёқ чўтка

le pinceau

бўёқдон

la boîte de peinture

қайчи

les ciseaux

елим

la colle

машғулот дафтари

le cahier d'exercices

уй иши

les devoirs

рақам

le chiffre

қўшмоқ

additionner

айирмоқ

soustraire

кўпайтирмоқ

multiplier

ҳисобламоқ

calculer

хат

la lettre

алифбо

l'alphabet

сўз

le mot

матн

le texte

ўқимоқ

lire

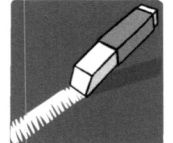

бўр

la craie

дарс

la leçon

журнал

le livre de classe

имтиҳон

l'examen

гувоҳнома

le certificat

мактаб формаси

l'uniforme scolaire

таълим

la formation

қомус

le lexique

олийгоҳ

l'université

микроскоп

le microscope

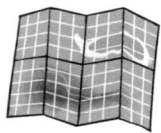

харита

la carte

урна

la corbeille à papier

саёҳат

le voyage

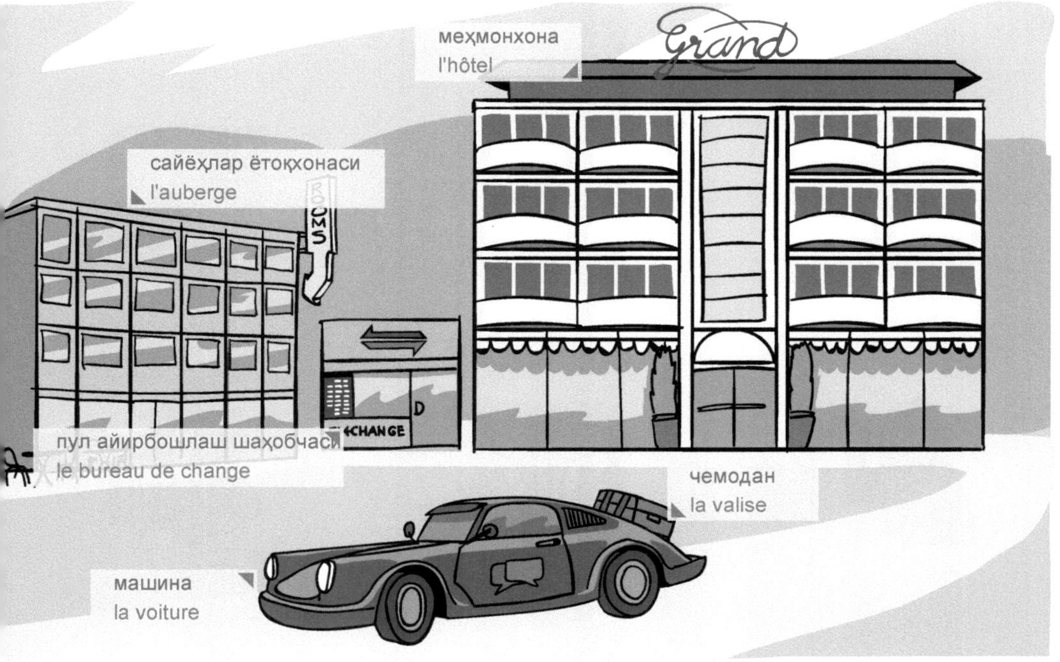
мехмонхона
l'hôtel
Grand
сайёҳлар ётоқхонаси
l'auberge
ROOMS
CHANGE
пул айирбошлаш шаҳобчаси
le bureau de change
чемодан
la valise
машина
la voiture

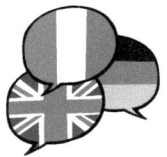

тил
la langue

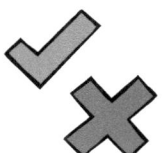

ҳа / йўқ
oui / non

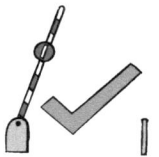

Хўп
d'accord

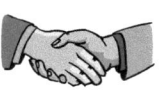

салом
Salut

таржимон
l'interprète

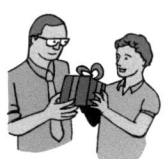

Раҳмат
merci

неча пул...?

Combien coûte...?

Тушунмадим

Je ne comprends pas

муаммо

le problème

Хайрли кеч!

Bonsoir !

Хайрли тонг!

Bonjour !

Хайрли тун!

Bonne nuit !

кўришгунча

Au revoir

йўналиш

la direction

йўловчи юки

les bagages

сафархалта

le sac

юк халта

le sac-à-dos

меҳмон

l'hôte

хона

la pièce

уйқуқоп

le sac de couchage

чодир

la tente

саёҳларга маълумот
бериш столи

l'office de tourisme

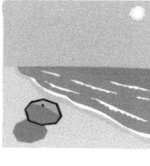

пляж

la plage

омонат карта

la carte de crédit

нонушта

le petit-déjeuner

нонушта

le déjeuner

кечки овқат

le dîner

чипта

le billet

лифт

l'ascenseur

марка

le timbre

чегара

la frontière

божхона

la douane

элчихона

l'ambassade

виза

le visa

паспорт

le passeport

транспорт

le transport

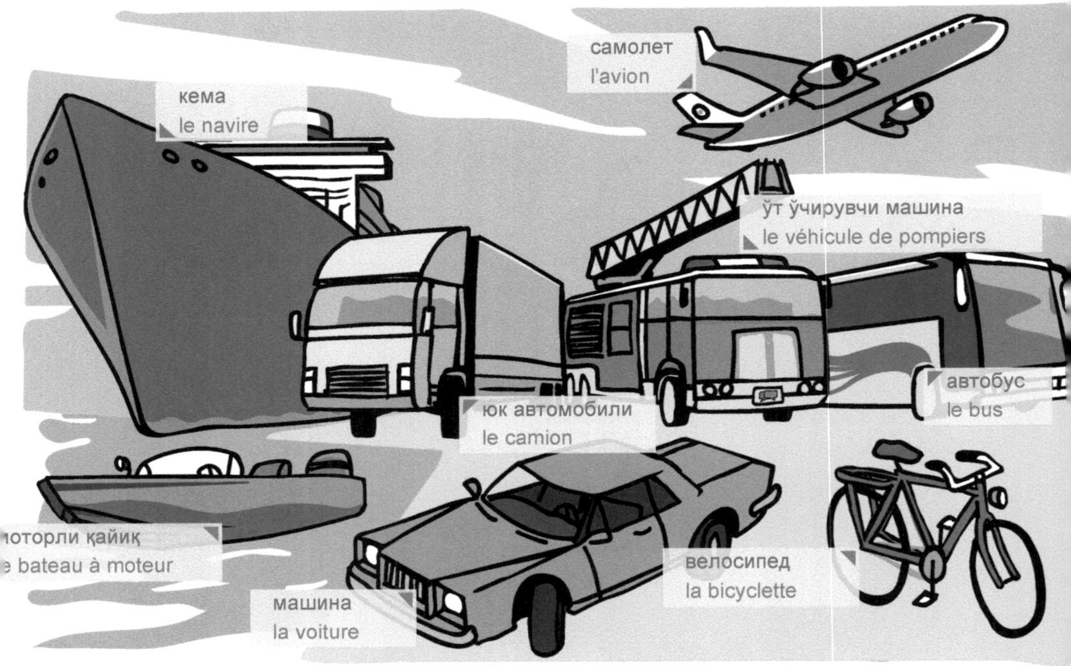

самолет
l'avion
кема
le navire
ўт ўчирувчи машина
le véhicule de pompiers
автобус
le bus
юк автомобили
le camion
ıоторли қайиқ
ɜ bateau à moteur
велосипед
la bicyclette
машина
la voiture

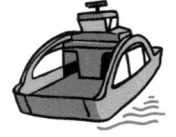

солсимон ясси кема

le ferry

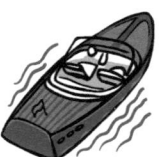

қайиқ

la barque

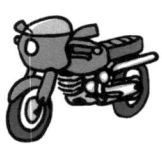

мотоцикл

la moto

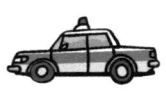

посбон машинаси

la voiture de police

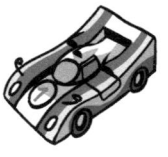

пойга машинаси

la voiture de course

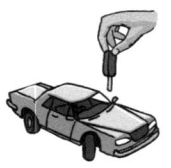

ижарага олинган автоулов

la voiture de location

автоижара

l'auto-partage

шатакка олувчи юк
автомобили

la voiture de remorquage

ахлат машинаси

la benne à ordures

мотор

le moteur

ёқилғи

l'essence

ёқилғи қуйиш шаҳобчаси

la station d'essence

йўл белгиси

le panneau indicateur

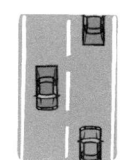

йўл ҳаракати

le trafic

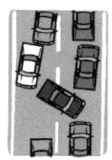

тирбанд

l'embouteillage

автомобил тўхтаб туриш
жойи

le parking

поезд бекати

la gare

рельс

les rails

поезд

le train

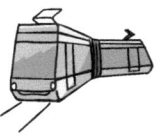

трамвай

le tramway

вагон

le wagon

вертолёт

l'hélicoptère

аэропорт

l'aéroport

минора

la tour

йўловчи

le passager

контейнер

le conteneur

қоғоз қути

le carton

аравача

le chariot

сават

la corbeille

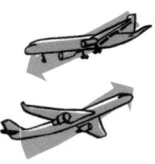

учмоқ / қўнмоқ

décoller / atterrir

шаҳар

la ville

қишлоқ

le village

шаҳар маркази

le centre-ville

уй

la maison

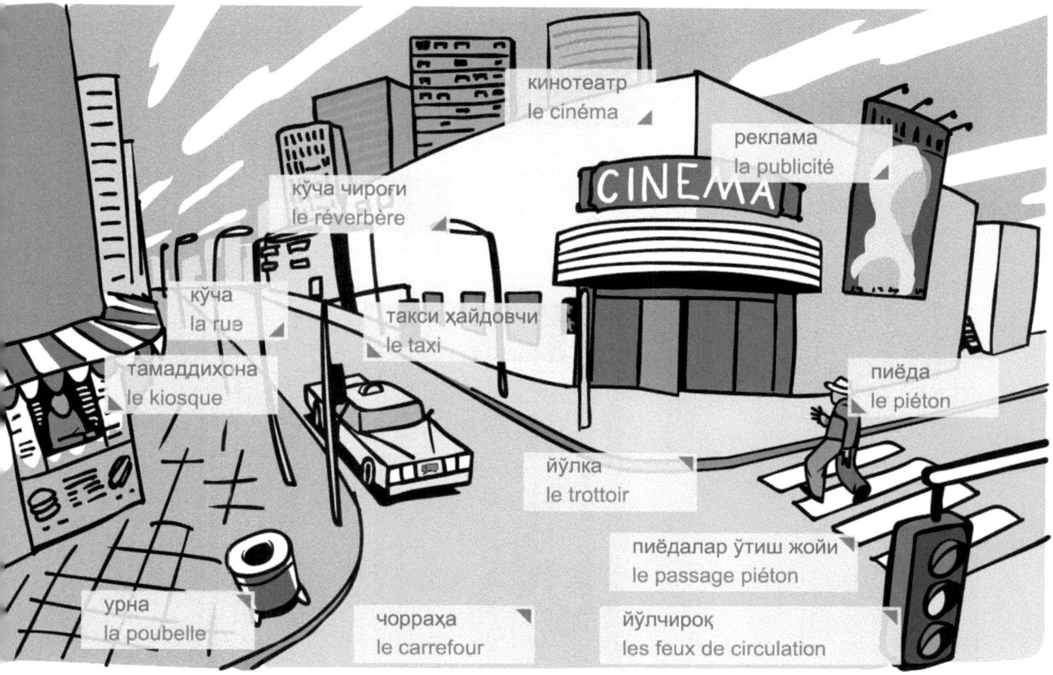
кинотеатр
le cinéma
CINEMA
реклама
la publicité
кўча чироғи
le réverbère
кўча
la rue
такси ҳайдовчи
le taxi
тамаддихона
le kiosque
пиёда
le piéton
йўлка
le trottoir
пиёдалар ўтиш жойи
le passage piéton
урна
la poubelle
чорраҳа
le carrefour
йўлчироқ
les feux de circulation

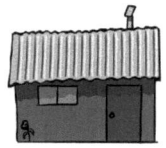

кулба

la cabane

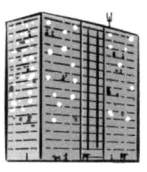

квартира

l'appartement

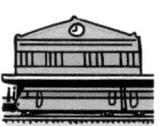

поезд бекати

la gare

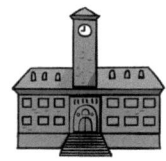

маҳаллий ҳокимият биноси

la mairie

MUSEUM

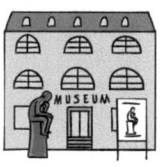

музей

le musée

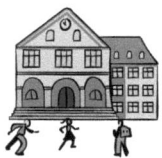

мактаб

l'école

олийгоҳ

l'université

банк

la banque

шифохона

l'hôpital

меҳмонхона

l'hôtel

дорихона

la pharmacie

идора

le bureau

китоб дӯкони

la librairie

дӯкон

le magasin

гул дӯкони

le fleuriste

супермаркет

le supermarché

бозор

le marché

универмаг

le grand magasin

балиқ дӯкони

la poissonnerie

савдо маркази

le centre commercial

бандаргоҳ

le port

истироҳат боғи

le parc

банк

la banque

кўприк

le pont

зинапоя

les escaliers

метро

le métro

ер ости йўли

le tunnel

автобус бекати

l'arrêt de bus

бар

le bar

ресторан

le restaurant

почта қутиси

la boîte à lettres

кўча ёзув осма тахтаси

le panneau indicateur

тўхтаб туриш вақтини ҳисоблагич

le parcmètre

ҳайвонот боғи

le zoo

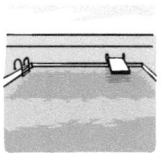

бассейн

le réverbère

масжид

la mosquée

чорвачилик хўжалиги

la ferme

атроф-муҳит
ифлосланиши
la pollution

қабристон

la cimetière

ибодатхона

l'église

болалар ўйингоҳи

l'aire de jeux

эҳром

le temple

манзара

le paysage

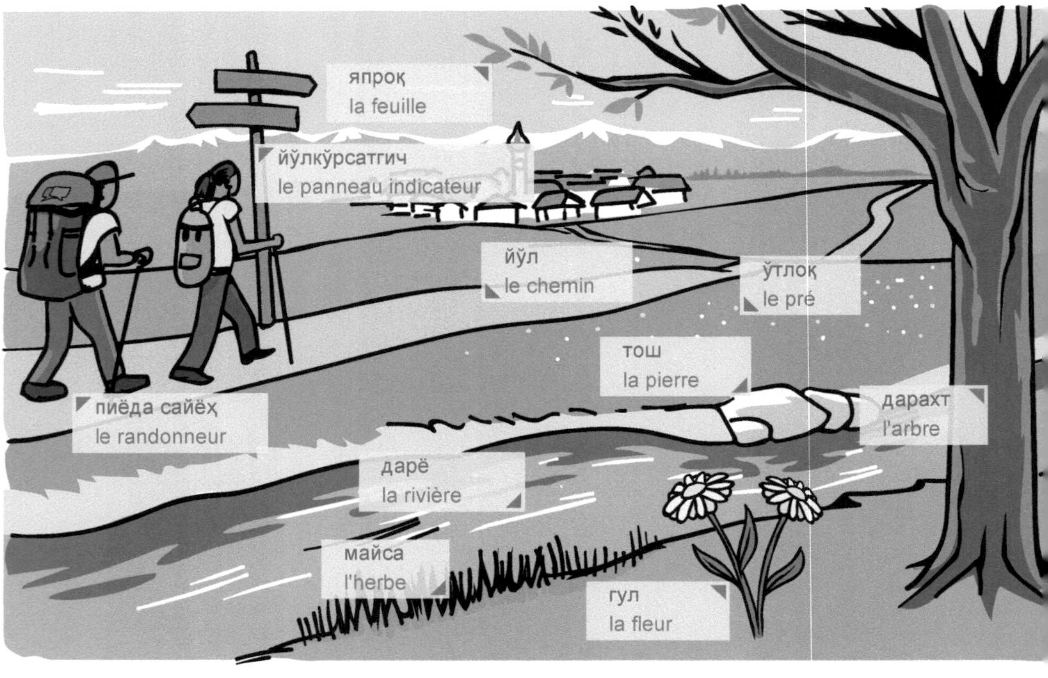

япроқ
la feuille

йўлкўрсатгич
le panneau indicateur

йўл
le chemin

ўтлоқ
le pré

тош
la pierre

дарахт
l'arbre

пиёда сайёҳ
le randonneur

дарё
la rivière

майса
l'herbe

гул
la fleur

водий

la vallée

қир

la montagne

кўл

le lac

ўрмон

la forêt

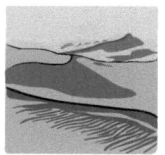

чўл

le désert

вулкан

le volcan

қалъа

le château

камалак

l'arc-en-ciel

қўзиқорин

le champignon

пальма дарахти

le palmier

пашша

le moustique

чивин

la mouche

чумоли

les fourmis

асалари

l'abeille

ўргимчак

l'araignée

қўнғиз

le coléoptère

қурбақа

la grenouille

олмахон

l'écureuil

типратикон

le hérisson

қуён

le lièvre

укки

la chouette

қуш

l'oiseau

оққуш

le cygne

эркак чўчқа

le sanglier

буғу

le cerf

бутоқ шохли кийик

l'élan

тўғон

le barrage

шамол генератори

l'éolienne

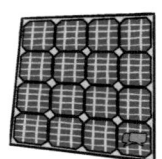

қуёш батареяси

le panneau solaire

иқлим

le climat

ресторан

le restaurant

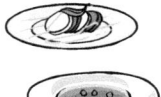

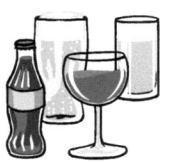

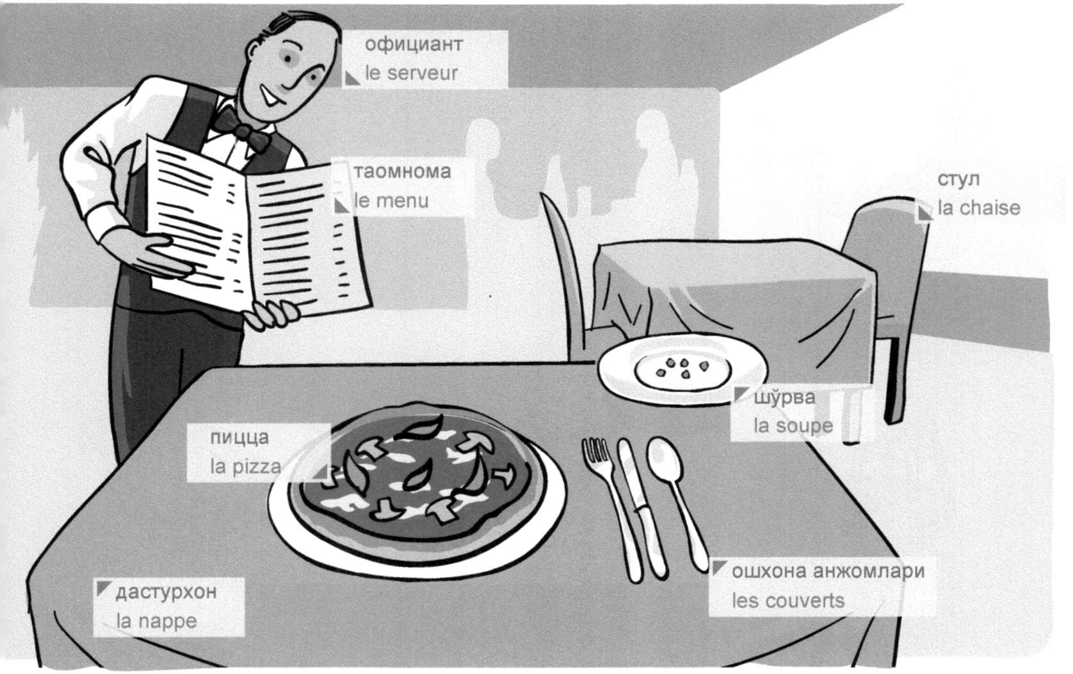
официант
le serveur
таомнома
le menu
стул
la chaise
шўрва
la soupe
пицца
la pizza
ошхона анжомлари
les couverts
дастурхон
la nappe

газак
....
les hors d'œuvre

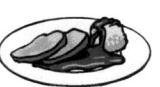

асосий таом
....
le plat principal

десерт
....
le dessert

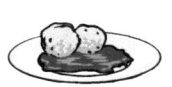

ичимликлар
....
les boissons

таом
....
l'alimentation

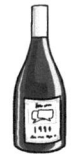

бутилка
....
la bouteille

тез пишар таом

le fast-food

кўча таоми

les plats à emporter

чойнак

la théière

шакардон

le sucrier

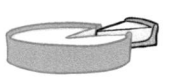

порция

la portion

эспрессо кофе машинаси

la machine à expresso

болалар курсичаси

la chaise haute

ҳисоб

la facture

лаган

le plateau

пичоқ

le couteau

санчқи

la fourchette

қошиқ

la cuillère

чой қошиқ

la cuillère à thé

кўл сочиқ

la serviette

стакан

le verre

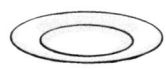

ликоп

l'assiette

шӯрва коса

l'assiette à soupe

тақсимча

la soucoupe

қайла

la sauce

туздон

la salière

қалампир янчгич

le moulin à poivre

сирка

le vinaigre

ёғ

l'huile

зираворлар

les épices

кетчуп

le ketchup

хантал

la moutarde

майонез

la mayonnaise

супермаркет
le supermarché

чегирма
l'offre promotionnelle
FOR
мижоз
le client
сут маҳсулотлари
les produits laitiers
мева
les fruits
харид араваси
le chariot

BUTCHERS

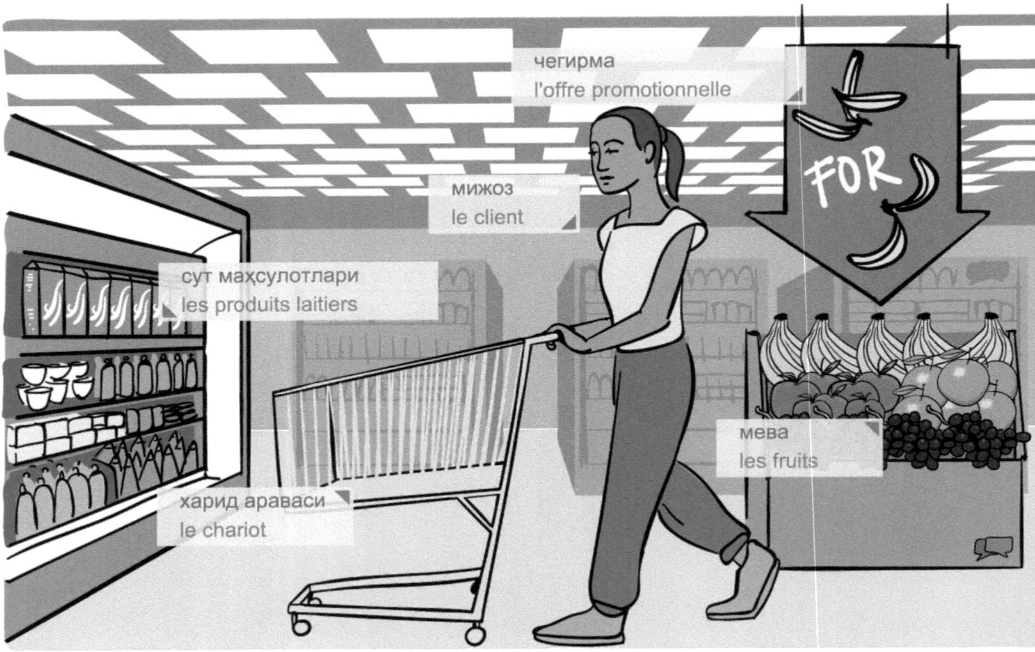

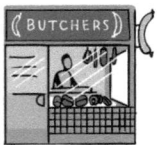

қассобхона

la boucherie

BAKERY

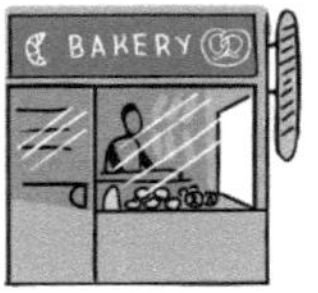

нонвойхона

la boulangerie

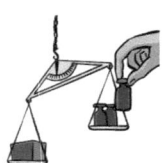

тарозида ўлчамоқ

peser

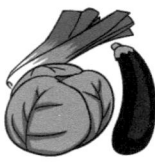

сабзавот

les légumes

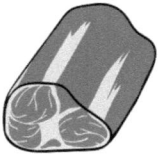

гўшт

la viande

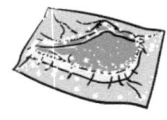

музлатилган таомлар

les aliments surgelés

яхна гӯшт

la charcuterie

консерва

les conserves

кир ювиш воситаси

la poudre à lessive

ширинликлар

les bonbons

кундалик истеъмол моллар

les articles ménagers

ювиш воситалари

les détergents

сотувчи

la vendeuse

касса аппарати

la caisse

ғазначи

le caissier

харид рӯйхати

la liste d'achats

иш вақти

les heures d'ouverture

ҳамён

le portefeuille

омонат карта

la carte de crédit

халта

le sac

целлофан халта

le sac en plastique

сув

l'eau

шарбат

le jus de fruit

сут

le lait

кока-кола

le coca

вино

le vin

пиво

la bière

спиртли ичимлик

l'alcool

какао

le chocolat chaud

чой

le thé

кофе

le café

эспрессо

l'expresso

капучино

le cappuccino

банан

la banane

олмахон

la pomme

апельсин

l'orange

қовун

le melon

лимон

le citron.

сабзи

la carotte

саримсоқ

l'ail

бамбук

le bambou

пиёз

l'oignon

қўзиқорин

le champignon

ёнғоқ

les noisettes

лағмон

les pâtes

спагетти

les spaghetti

гуруч

le riz

салат

la salade

картошка-фри

les pommes frites

қовурилган картошка

les pommes de terre rôties

пицца

la pizza

гамбургер

le hamburger

сэндвич

le sandwich

тўқмоқланган тўш қиймаси

l'escalope

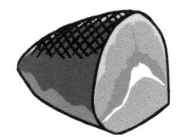

дудланган чўчқа гўшти

le jambon

салями колбасаси

le salami

сосиска

la saucisse

товуқ гўшти

le poulet

қовурилган

le rôti

балиқ

le poisson

сули бӯтқаси

les flocons d'avoine

мюсли

le muesli

маккажӯхори ёрмаси

les cornflakes

ун

la farine

француз булочкаси

le croissant

булочка

les petits-pains

нон

le pain

қизартирилган нон бӯлаги

le pain grillé

пиширик

les biscuits

сариёғ

le beurre

творог

le fromage blanc

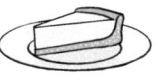

пирог

le gâteau

тухум

l'œuf

қовурилган тухум

l'œuf au plat

пишлоқ

le fromage

музқаймоқ

la glace

шакар

le sucre

асал

le miel

мураббо

la confiture

шоколад пастаси

la crème nougat

зарчава

le curry

чорвачилик хўжалиги
la ferme

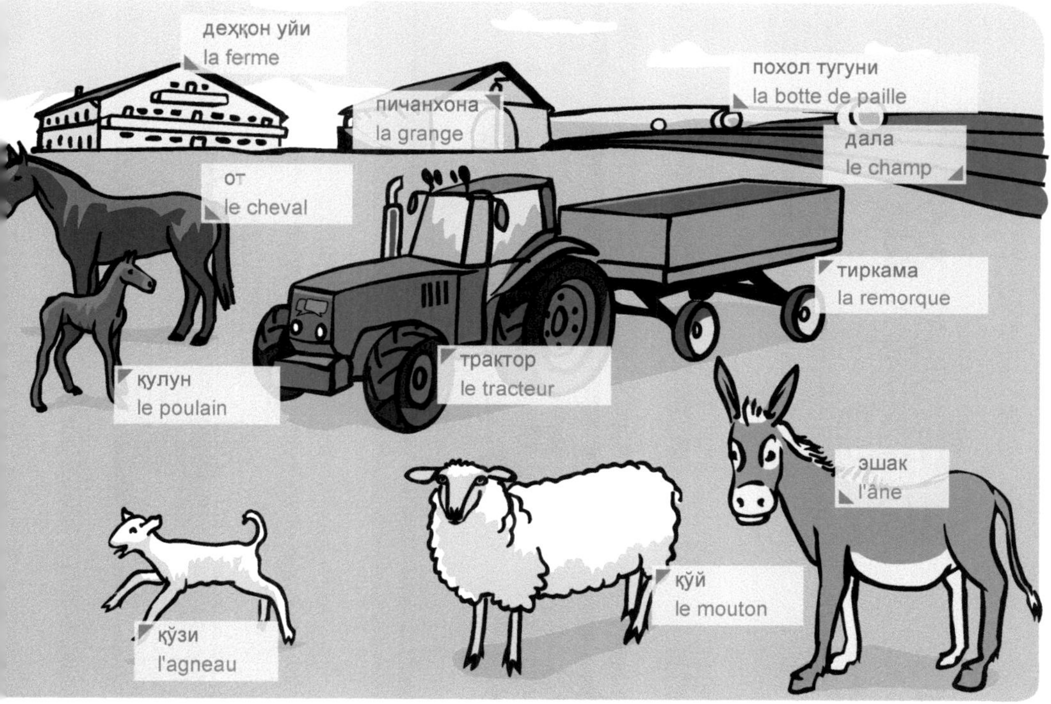

деҳқон уйи
la ferme
пичанхона
la grange
похол тугуни
la botte de paille
дала
le champ
от
le cheval
тиркама
la remorque
трактор
le tracteur
қулун
le poulain
эшак
l'âne
қўй
le mouton
қўзи
l'agneau

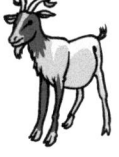

эчки
la chèvre

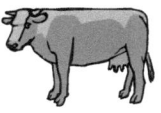

сигир
la vache

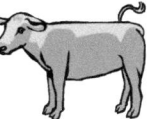

бузоқ
le veau

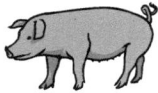

чўчқа
le porc

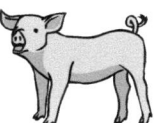

чўчқа боласи
le porcelet

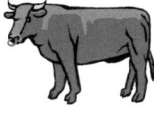

буқа
le taureau

ғоз

l'oie

ўрдак

le canard

жўжа

le poussin

товуқ

la poule

хўроз

le coq

каламуш

le rat

мушук

le chat

сичқон

la souris

хўкиз

le bœuf

ит

le chien

каталак

le chenil

ҳовли боғ шланги

le tuyau de jardin

гулчелак

l'arrosoir

белўроқ

la faucheuse

темир омоч

la charrue

қўлўроқ

la faucille

чопқи

la pioche

паншаха

la fourche

болта

la hache

ғалтакарава

la brouette

охур

la cuve

сут бидони

le pot à lait

тўрва

le sac

панжара

la clôture

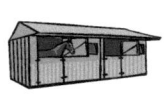

оғилхона

l'étable

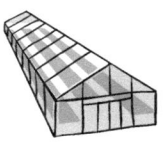

иссиқхона

le serre

тупроқ

le sol

уруғ

les semences

ўғит

l'engrais

комбайн

la moissonneuse-batteuse

ҳосил олмоқ

récolter

йиғим-терим

la récolte

ямс

l'igname

буғдой

le blé

соя

le soja

картошка

la pomme de terre

маккажўхори

le maïs

рапс уруғи

le colza

мевали дарахт

l'arbre fruitier

маниок

le manioc

ёрма

les céréales

уй

la maison

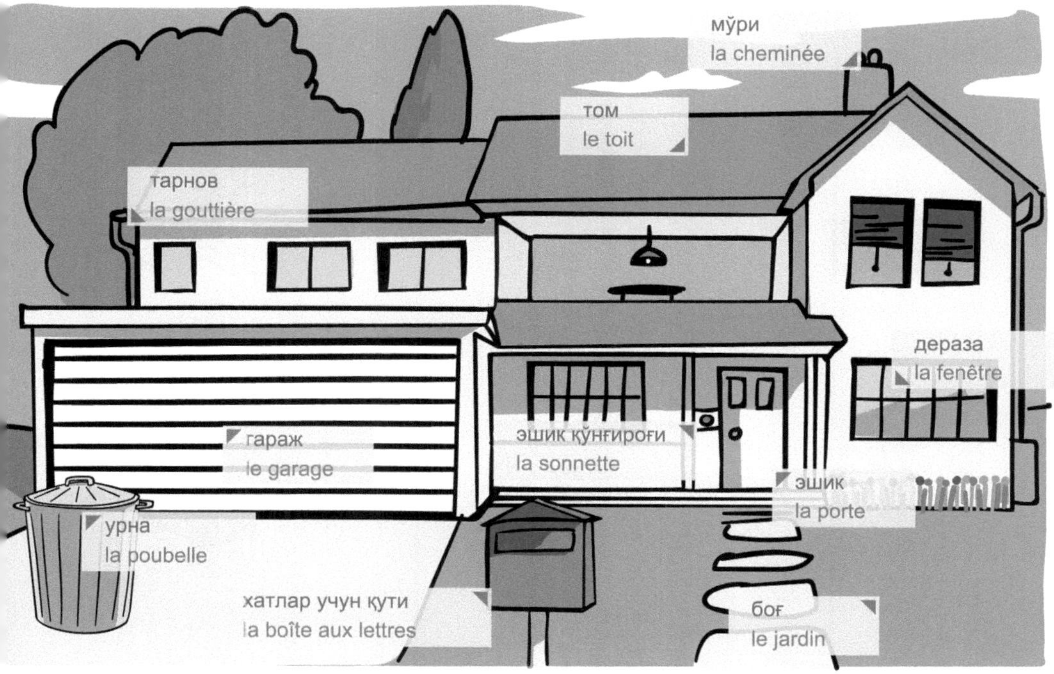
мўри
la cheminée
том
le toit
тарнов
la gouttière
дераза
la fenêtre
гараж
le garage
эшик қўнғироғи
la sonnette
эшик
la porte
урна
la poubelle
хатлар учун қути
la boîte aux lettres
боғ
le jardin

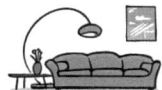

меҳмонхона

le salon

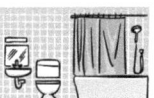

ваннахона

la salle de bain

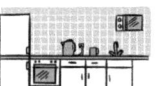

ошхона

la cuisine

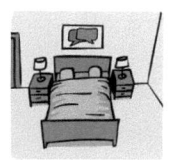

ётоқхона

la chambre à coucher

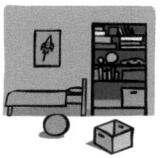

болалар хонаси

la chambre d'enfant

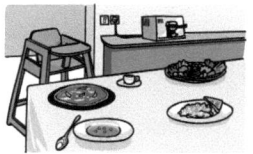

ошхона

la salle à manger

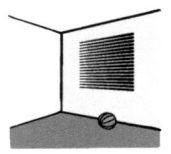

пол

le sol

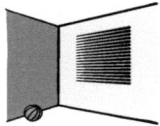

девор

le mur

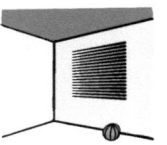

шип

le plafond

подвал

la cave

сауна

le sauna

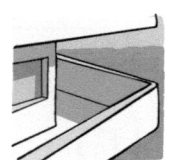

болохона айвони

le balcon

айвон

la terrasse

бассейн

la piscine

ўт ўргич машина

la tondeuse à gazon

кўрпажилд

la housse

чойшаб

la couette

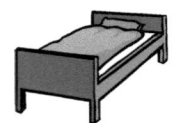

кроват

le lit

супурги

le balai

пақир

le sceau

мурват

l'interrupteur

меҳмонхона
le salon

гулқоғоз
le papier peint
сурат
l'image
чироқ
la lampe
токча
l'étagère
жавон
l'armoire
телевизор
la télé
ўчоқ
la cheminée
гул
la fleur
ёстиқ
le coussin
диван
le sofa
гулдон
le vase
масофадан бошқариш пульти
la télécommande

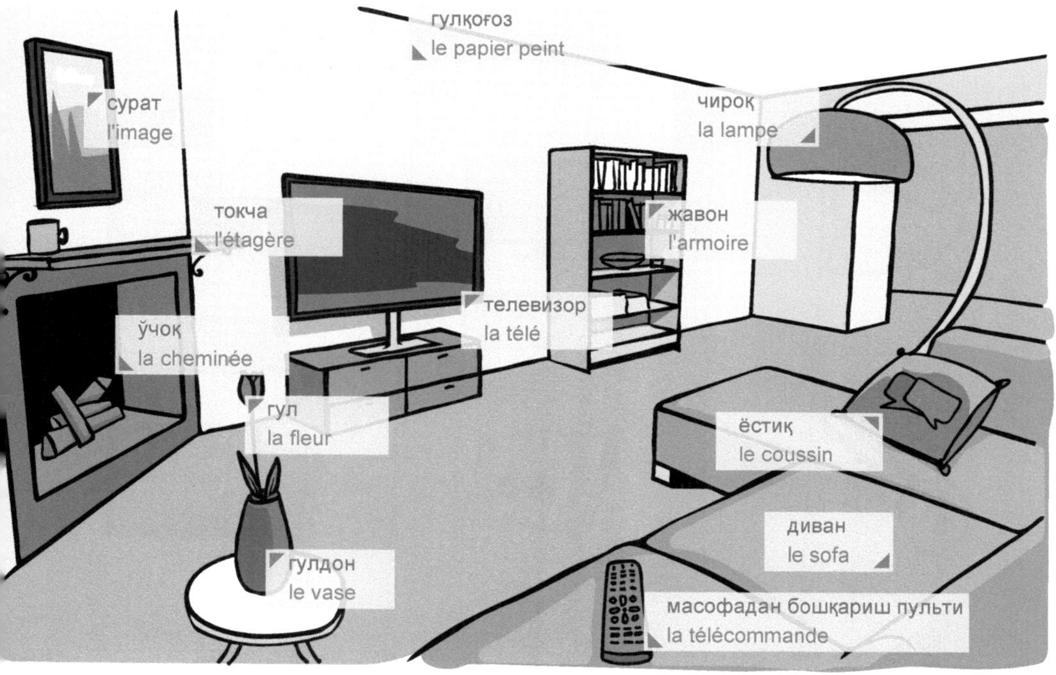

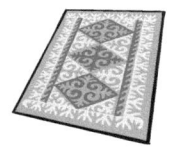

гилам

le tapis

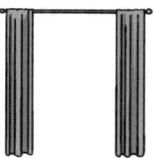

парда

le rideau

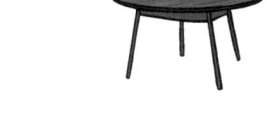

стол

la table

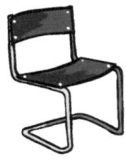

стул

la chaise

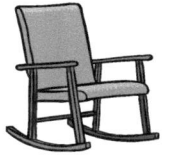

тебранма курси

la chaise à bascule

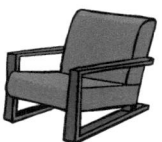

кресло

le fauteuil

китоб

le livre

кўрпа

la couverture

ҳашам

la décoration

ўтин

le bois de chauffage

кино

le film

стерео қурилма

la chaîne hi-fi

калит

la clé

рўзнома

le journal

расм

la peinture

плакат

le poster

радио

la radio

ён дафтар

le bloc-notes

чанг ютгич

l'aspirateur

кактус

le cactus

шам

la bougie

ошхона
la cuisine

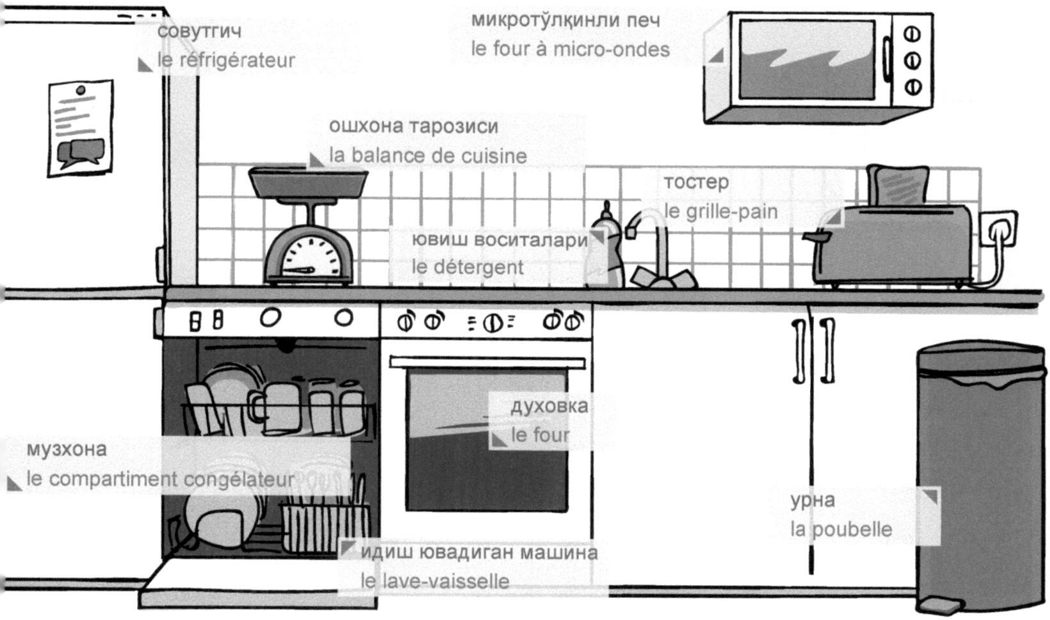

совутгич
le réfrigérateur
микротўлқинли печ
le four à micro-ondes
ошхона тарозиси
la balance de cuisine
тостер
le grille-pain
ювиш воситалари
le détergent
духовка
le four
музхона
le compartiment congélateur
урна
la poubelle
идиш ювадиган машина
le lave-vaisselle

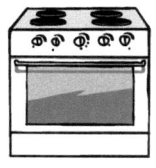

плита

le four

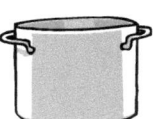

кастрюль

la casserole

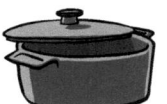

чўян қозон

la marmite

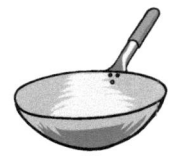

бўртма тубли това

le wok / kadai

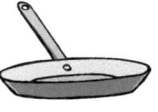

това

la poêle

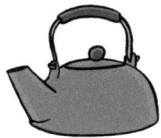

човгун

la bouilloire electrique

мантиқасқон

le cuiseur vapeur

тунука това

la plaque de cuisson

идиш

la vaisselle

кружка

le gobelet

коса

la coupe

таом ейиш таёқчалари

les baguettes

чўмич

la louche

куракча

la spatule

кўпиртиргич

le fouet

элак

la passoire

элак

le tamis

қирғич

la râpe

ҳовонча

le mortier

гриль

le barbecue

олов

la cheminée

оштахта

la planche à découper

жува

le rouleau à pâtisserie

пармасимон тиқин очгич

le tire-bouchon

консерва

la boîte

консерва очгич

l'ouvre-boîte

тутгич

les maniques

унитаз

le lavabo

идиш чўтка

la brosse

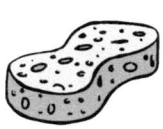

қозонсочиқ

l'éponge

қориштиргич

le mixeur

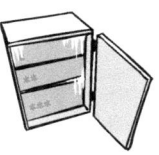

музлатгич

le congélateur

сўрғичли чақалоқ
бутилкаси

le biberon

кран

le robinet

ваннахона

la salle de bain

душ
la douche
иситиш тизими
le chauffage
сочиқ
la serviette
дарпарда
le rideau de douche
кўпикли ванна
le bain moussant
ванна
la baignoire
стакан
le verre
кир ювиш машинаси
la machine à laver
кран
le robinet
кафель
le carrelage
тувак
le pot
унитаз
le lavabo

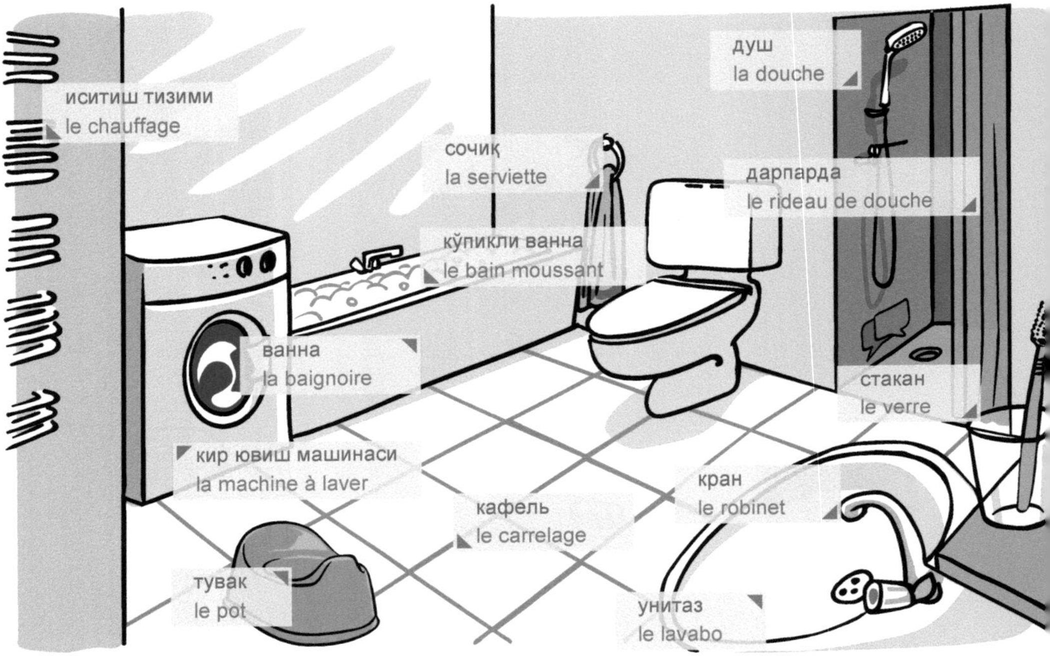

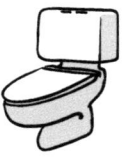

ҳожатхона

les toilettes

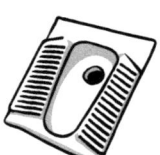

полга ўрнатиладиган унитаз

la toilette à la turque

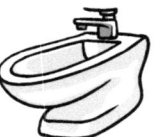

таҳоратдон

le bidet

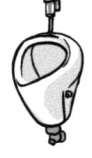

сийдик унитази

l'urinoir

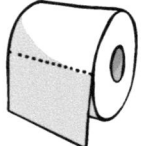

ҳожатхона қоғози

le papier toilette

ҳожатхона чўткаси

la brosse à toilette

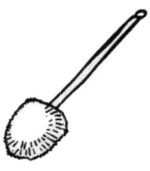

тиш чўтка

la brosse à dents

тиш пастаси

le dentifrice

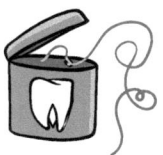

тиш тозалагич ип

le fil dentaire

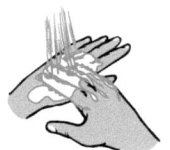

ювмоқ

laver

дастакли душ

la douche manuelle

таҳорат учун душ

la douche intime

тоғора

la vasque

елка қашлайдиган чўтка

la brosse dorsale

совун

le savon

душ учун гель

le gel douche

шампунь

le shampooing

мочалка

le gant de toilette

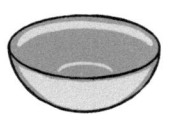

қувур

l'écoulement

крем

la crème

дезодарант

le déodorant

кўзгу

le miroir

қўл кўзгуси

le miroir cosmétique

устара

le rasoir

устара учун кўпик

la mousse à raser

салқинлантирувчи
бальзам

l'après-rasage

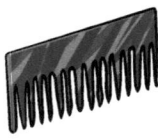

тароқ

la peigne

чўтка

la brosse

фен

le sèche-cheveux

соч учун лак

la laque pour cheveux

пардоз-андоз

le fond de teint

лаб учун помада

le rouge à lèvres

тирноқ лаки

le vernis à ongles

пахта

l'ouate

тирноқ қайчиси

le coupe-ongles

духи

le parfum

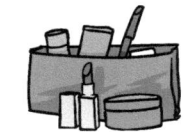

пардоз-андоз халтаси

la trousse de toilette

курси

le tabouret

тарози

le pèse-personne

чӯмилиш халати

le peignoir

резина қӯлқоп

les gants de nettoyage

тампон

le tampon

гигиеник таглик

les serviettes hygiéniques

биоҳожатхона

la toilette chimique

болалар хонаси
la chambre d'enfant

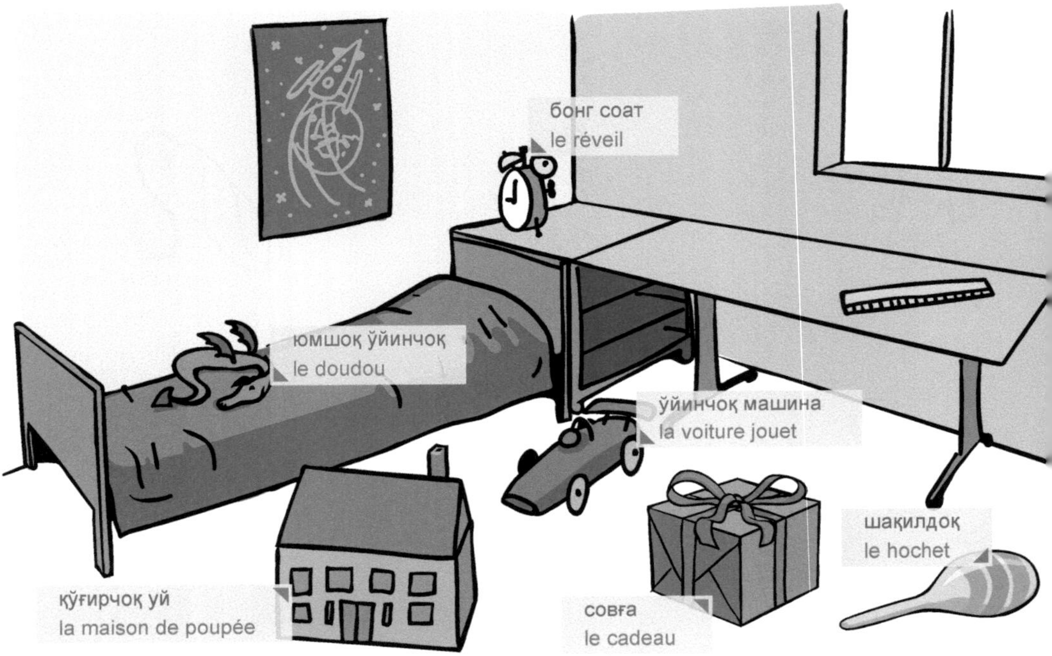

бонг соат
le réveil

юмшоқ ўйинчоқ
le doudou

ўйинчоқ машина
la voiture jouet

шақилдоқ
le hochet

қўғирчоқ уй
la maison de poupée

совға
le cadeau

шар

le ballon

кроват

le lit

болалар аравачаси

la poussette

карта тўплами

le jeu de cartes

терма тасвир

le puzzle

кулгили саҳна асари

la bande dessinée

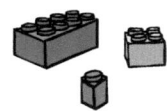

лего ғиштлари

les pièces lego

ўйинчоқ кубиклар

les blocs de construction

ўйинчоқ қаҳрамон

la figurine

ползунка

la grenouillère

учар ликопча

le frisbee

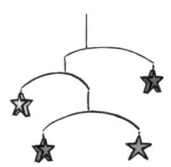

осма шақилдоқ

le mobile

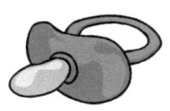

стол ўйини

le jeu de société

ошиқ

le dé

поезд макети

le train miniature

сўрғич

la sucette

ўтириш

la fête

расмли китоб

le livre d'images

копток

la balle

қўғирчоқ

la poupée

ўйнамоқ

jouer

қумдон

le bac à sable

арғимчоқ

la balançoire

ўйинчоқлар

les jouets

ўйин приставкаси

la console de jeu

уч ғилдиракли велосипед

le tricycle

бахмал айиқ

l'ours en peluche

кийим шкафи

l'armoire

кийим

les vêtements

пайпоқ

les chaussettes

чулки

les bas

колготка

le collant

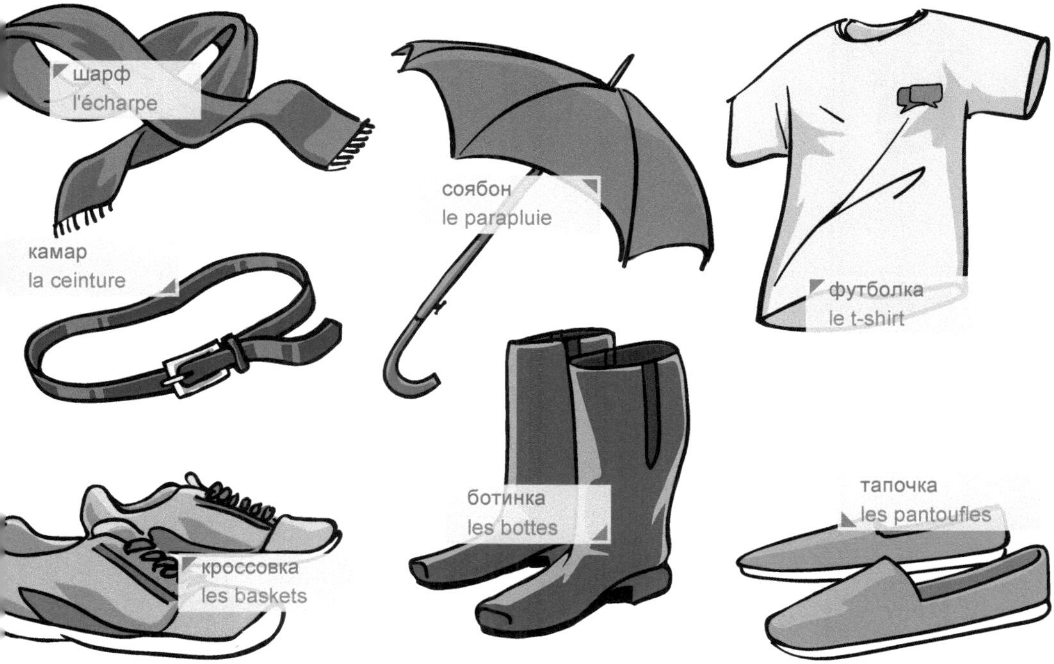

шарф
l'écharpe

соябон
le parapluie

камар
la ceinture

футболка
le t-shirt

ботинка
les bottes

тапочка
les pantoufles

кроссовка
les baskets

шиппак

les sandales

туфли

les chaussures

резина этик

les bottes de caoutchouc

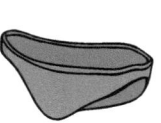

тор турсик

les sous-vêtements

кӯкракпеч

le soutien-gorge

майка

le maillot de corps

боди

le body

иштон

le pantalon

жинси

le jean

юбка

la jupe

кофта

le chemisier

кўйлак

la chemise

жемпер

le pull

узун чакмон

le sweat à capuche

спорт бичимидаги пиджак

la veste

куртка

la veste

пальто

le manteau

плаш

l'imperméable

либос

le costume

кўйлак

la robe

келин кўйлак

la robe de mariée

костюм шим

le costume

тунги кўйлак

la chemise de nuit

пижама

le pyjama

сари

le sari

шолрўмол

le foulard

салла

le turban

паранжи

la burqa

чакмон

le caftan

абая

l'abaya

чўмилиш костюми

le maillot de bain

турсик

le maillot de bain

шортик

le short

спорт костюми

la tenue d'entraînement

фартук

le tablier

кўлқоп

les gants

тугма

le bouton

кўзойнак

les lunettes

билагузук

le bracelet

мунчоқ

le collier

узук

la bague

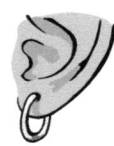

сирға

la boucle d'oreille

кепка

le bonnet

пальто илгак

le cintre

шляпа

le chapeau

бўйинбоғ

la cravate

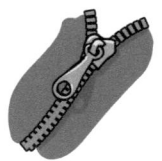

замок

la fermeture éclair

дубулға

le casque

шим тортгич

les bretelles

мактаб формаси

l'uniforme scolaire

форма

l'uniforme

ошхўрак

le bavoir

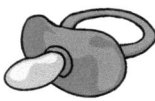

сўрғич

la sucette

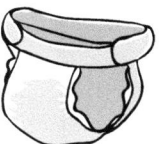

таглик

la lange

идора
le bureau

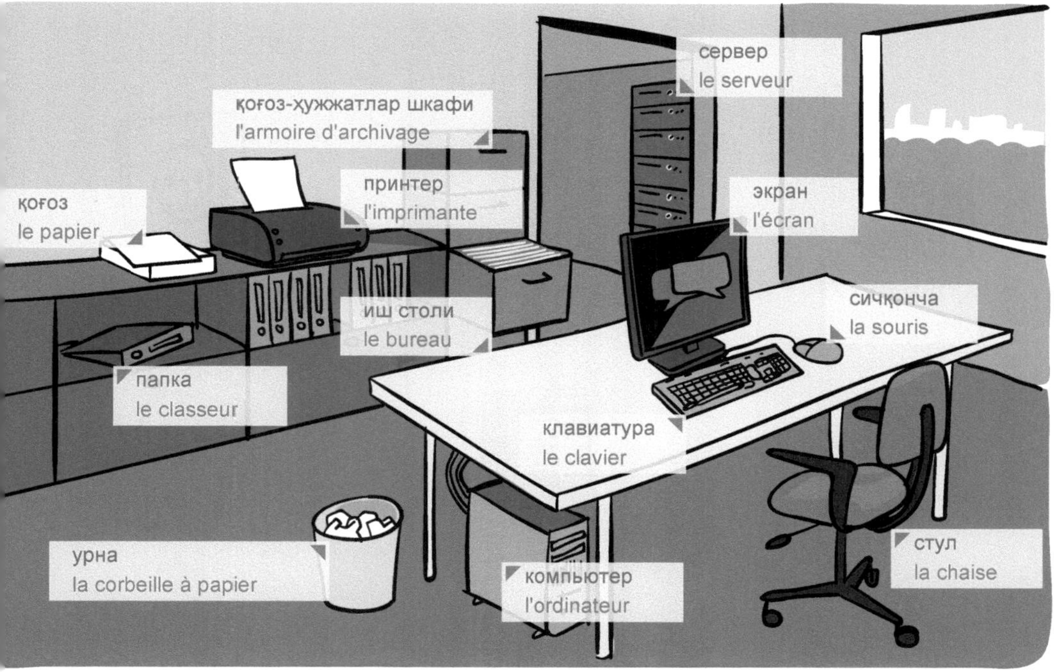

қоғоз-хужжатлар шкафи
l'armoire d'archivage

сервер
le serveur

принтер
l'imprimante

қоғоз
le papier

экран
l'écran

иш столи
le bureau

сичқонча
la souris

папка
le classeur

клавиатура
le clavier

урна
la corbeille à papier

стул
la chaise

компьютер
l'ordinateur

кофе кружкаси

la tasse de café

калькулятор

la calculatrice

интернет

l'internet

ноутбук

l'ordinateur portable

хат

la lettre

мактуб

le message

уяли телефон

le portable

тармоқ

le réseau

нусха кўчиргич

la photocopieuse

дастур

le logiciel

телефон

le téléphone

розетка

la prise

факс

le fax

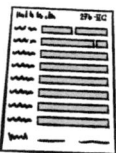

шакллар

le formulaire

ҳужжат

le document

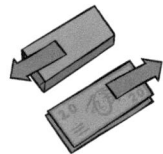

харид қилмоқ

acheter

тўламоқ

payer

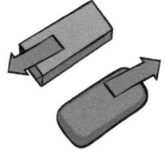

савдолашмоқ

faire du commerce

пул

la monnaie

доллар

le dollar

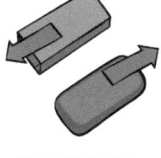 

евро

l'euro

йен

le yen

рубль

le rouble

швейцар франки

le franc suisse

Кэньминьби хитой юани

le renminbi yuan

рупи

la roupie

банкомат

le distributeur automatique

пул айирбошлаш
шаҳобчаси
le bureau de change

олтин

l'or

кумуш

l'argent

нефт

le pétrole

энергия

l'énergie

нарх

le prix

шартнома

le contrat

солиқ

la taxe

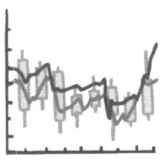

акция

l'action

ишламоқ

travailler

ишчи

l'employé

иш берувчи

l'employeur

завод

l'usine

дўкон

le magasin

касблар
les professions

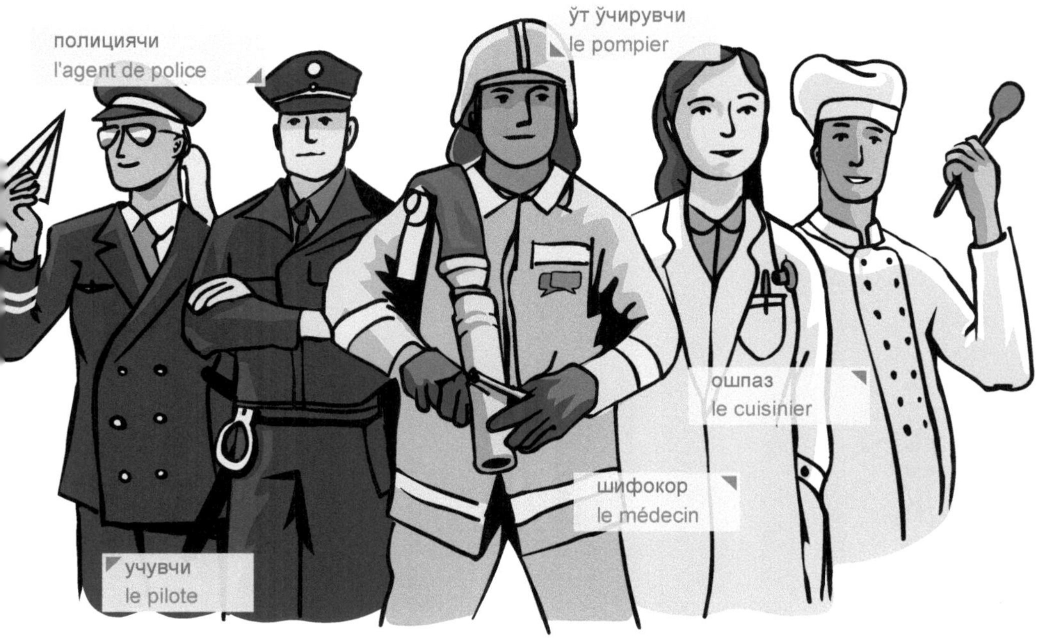

ўт ўчирувчи
le pompier
полициячи
l'agent de police
ошпаз
le cuisinier
шифокор
le médecin
учувчи
le pilote

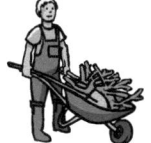

боғбон

le jardinier

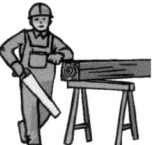

дурадгор

le menuisier

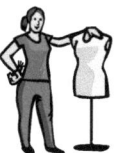

тикувчи

la couturière

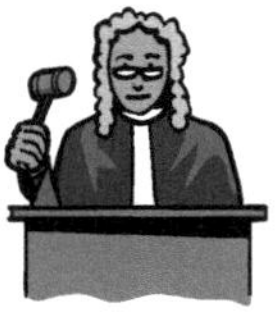

ҳакам

le juge

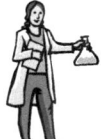

кимёгар

le chimiste

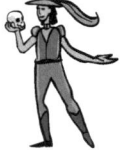

актёр

l'acteur

автобус ҳайдовчиси

le conducteur de bus

такси ҳайдовчи

le chauffeur de taxi

балиқчи

le pêcheur

фаррош

la femme de ménage

том устаси

le couvreur

официант

le serveur

овчи

le chasseur

бўёқчи

le peintre

нонвой

le boulanger

электр устаси

l'électricien

қурувчи

l'ouvrier

муҳандис

l'ingénieur

қассоб

le boucher

сувчи чилангар

le plombier

почтачи

le facteur

аскар

le soldat

меъмор

l'architecte

ғазначи

le caissier

гулчи

le fleuriste

сарторош

le coiffeur

чиптачи

le contrôleur

механик

le mécanicien

капитан

le capitaine

тиш шифокори

le dentiste

олим

le scientifique

яхудийлар руҳонийси

le rabbin

имом

l'imam

роҳиб

le moine

руҳоний

le prêtre

асбоблар

les outils

омбир
les pinces
болға
le marteau
отвертка
le tournevis
чўнтак чироғи
la torche
гайка очгич
la clé

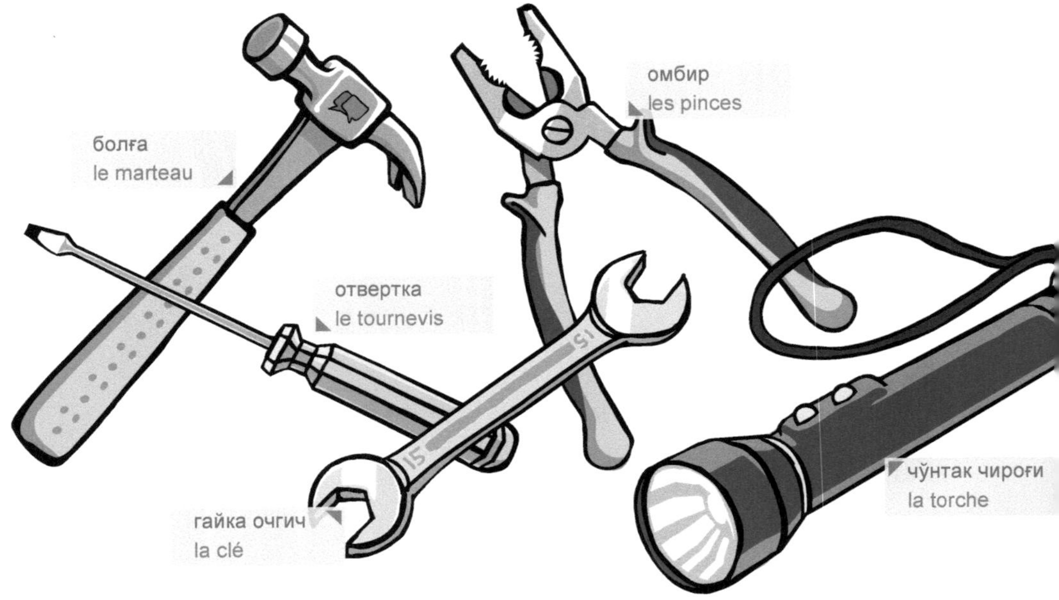

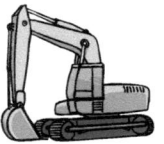

экскаватор

la pelleteuse

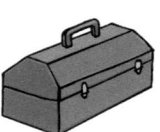

асбоблар қутиси

la boîte à outils

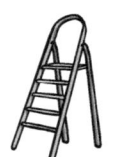

нарвон

l'échelle

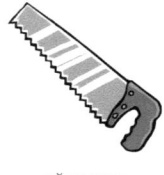

қўларра

la scie

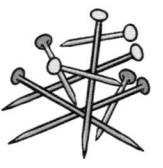

мих

les clous

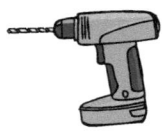

пармадаста

la perceuse

тузатмоқ

réparer

белкурак

la pelle

Жин урсин!

Mince !

хокандоз

la pelle

бўёқ идиш

le pot de peinture

бурама мих

les vis

мусиқа асбоблари
les instruments de musique

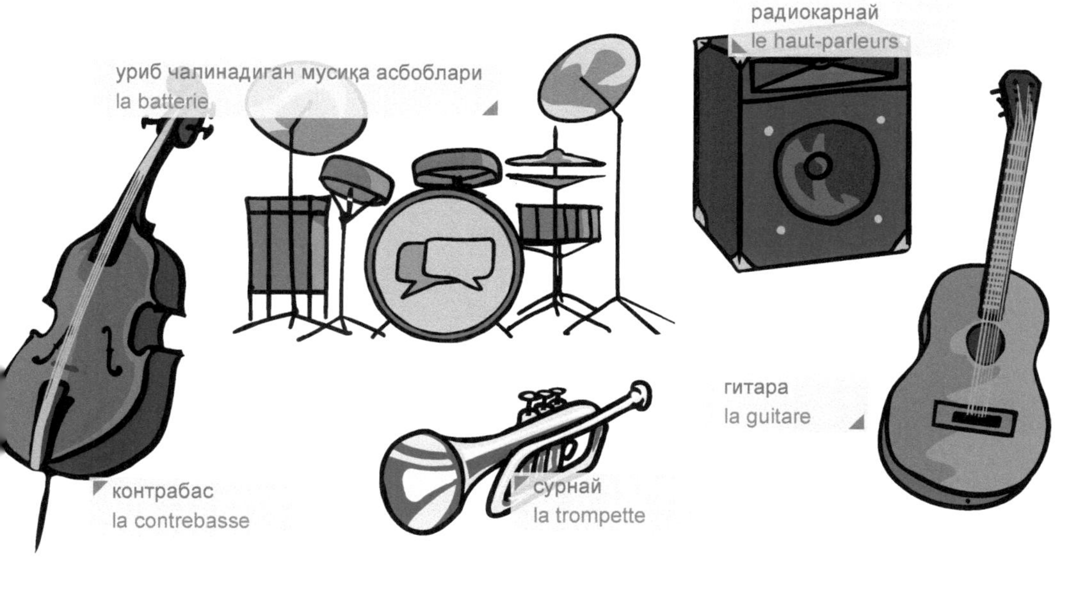

радиокарнай
le haut-parleurs

уриб чалинадиган мусиқа асбоблари
la batterie

гитара
la guitare

контрабас
la contrebasse

сурнай
la trompette

пианино

le piano

ғижжак

le violon

бас-гитара

la basse

қўшноғора

les timbales

дўмбира

le tambour

клавиатура

le piano électrique

саксофон

le saxophone

най

la flûte

микрофон

le microphone

арслон
le tigre

қафас
la cage

зебра
le zèbre

ем
l'alimentation animale

кириш
l'entrée

панда
le panda

ҳайвонлар

les animaux

фил

l'éléphant

кенгуру

le kangourou

каркидон

le rhinocéros

горилла

le gorille

айиқ

l'ours

туя

le chameau

туяқуш

l'autruche

шер

le lion

маймун

le singe

фламинго

le flamand rose

тӯти

le perroquet

оқ айиқ

l'ours polaire

пингвин

le pingouin

акула

le requin

товус

le paon

илон

le serpent

тимсоҳ

le crocodile

ҳайвонот боғи қоровули

le gardien de zoo

тюлень

le phoque

ягуар

le jaguar

тӯпичоқ от

le poney

қоплон

le léopard

бегемот

l'hippopotame

жирафа

la girafe

бургут

l'aigle

эркак чӯчқа

le sanglier

балиқ

le poisson

тошбақа

la tortue

морж

le morse

тулки

le renard

оҳу

la gazelle

америка футболи
l'american Football

велосипед ҳайдаш
le cyclisme

теннис
le tennis

баскетбол
le basket-ball

сузиш
la natation

бокс
la boxe

муз хоккейи
le hockey sur glace

футбол
le football

бадминтон
le badminton

енгил атлетика
l'athlétisme

қўлтўпи
le handball

чанғи учиш
le ski

поло
le polo

машғулот
les activités

кулмоқ
rire
сакрамоқ
sauter
қучмоқ
embrasser
юрмоқ
marcher
куйламоқ
chanter
ҳаёл қилмоқ
rêver
ибодат қилмоқ
prier
ўпмоқ
faire la bise

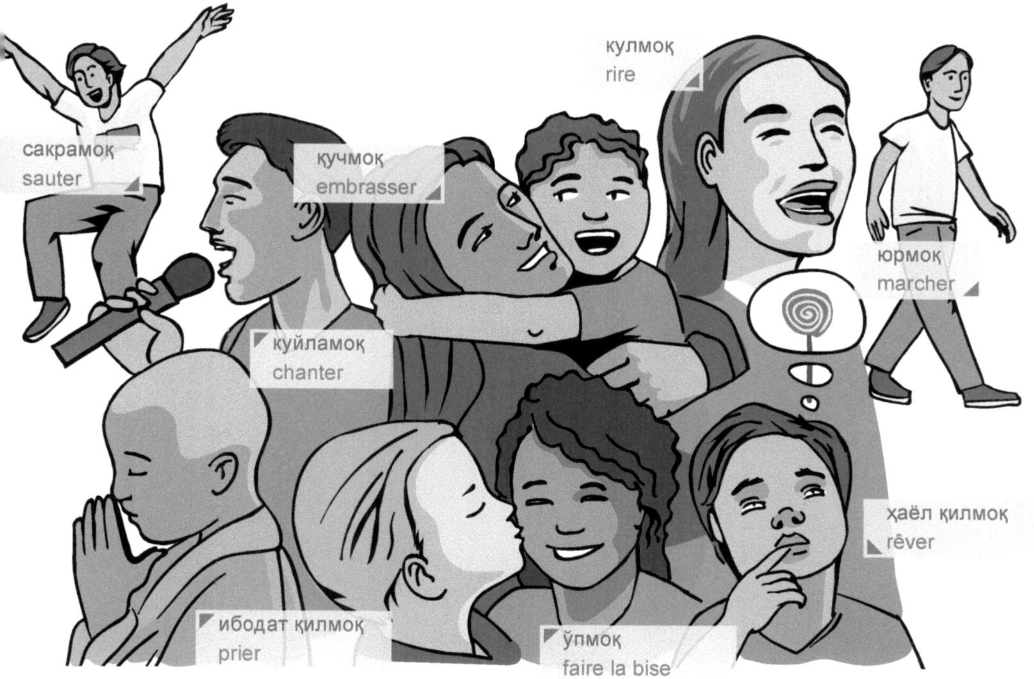

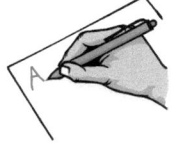

ёзмоқ

écrire

чизмоқ

dessiner

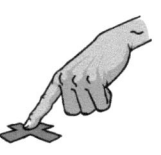

кўрсатмоқ

montrer

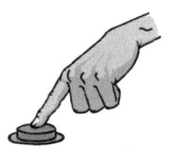

итармоқ

pousser

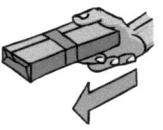

бермоқ

donner

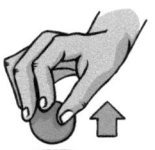

олмоқ

prendre

эга бўлмоқ

avoir

бажармоқ

faire

бўлмоқ

être

турмоқ

être debout

югурмоқ

courir

тортмоқ

trier

улоқтирмоқ

jeter

йиқилмоқ

tomber

алдамоқ

être couché

кутмоқ

attendre

ташимоқ

porter

ўтирмоқ

être assis

кийинмоқ

s'habiller

ухламоқ

dormir

уйғонмоқ

se réveiller

қарамоқ

regarder

йиғламоқ

pleurer

зарба бермоқ

caresser

тарамоқ

peigner

гаплашмоқ

parler

тушунмоқ

comprendre

сўрамоқ

demander

тингламоқ

écouter

ичмоқ

boire

емоқ

manger

йиғиштирмоқ

ranger

севмоқ

aimer

пиширмоқ

cuire

ҳайдамоқ

conduire

учмоқ

voler

кемада сузмоқ

faire de la voile

ҳисобламоқ

calculer

ўқимоқ

lire

ўрганмоқ

apprendre

ишламоқ

travailler

турмуш қурмоқ

se marier

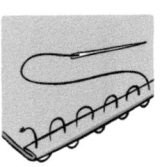

тикмоқ

coudre

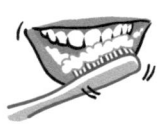

тиш ювмоқ

brosser les dents

ўлдирмоқ

tuer

чекмоқ

fumer

йўлламоқ

envoyer

оила

la famille

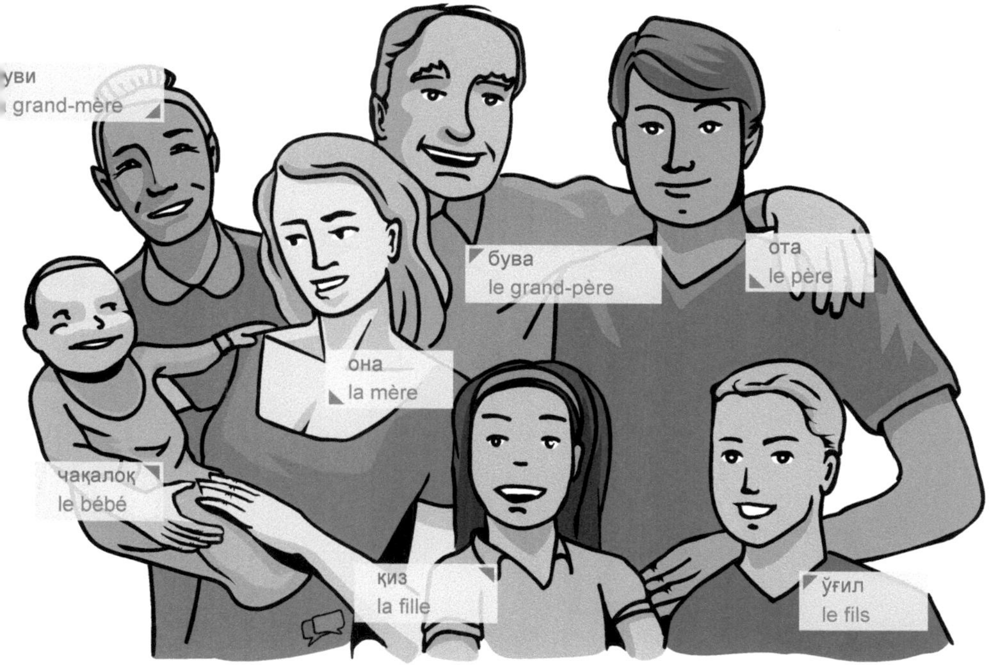
уви
grand-mère
бува
le grand-père
ота
le père
она
la mère
чақалоқ
le bébé
қиз
la fille
ўғил
le fils

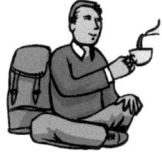

меҳмон

l'hôte

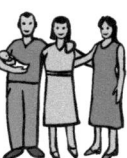

амма

la tante

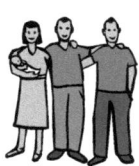

тоға

l'oncle

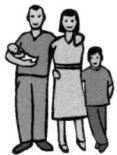

ака

le frère

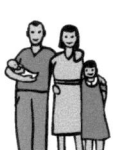

опа

la sœur

тана

le corps

пешона
le front
кўз
l'œil
елка
l'épaule
бармоқ
le doigt
юз
le visage
ияк
le menton
қўл панжалари
la main
оёқ
la jambe
кўкрак
la poitrine
қўл
le bras

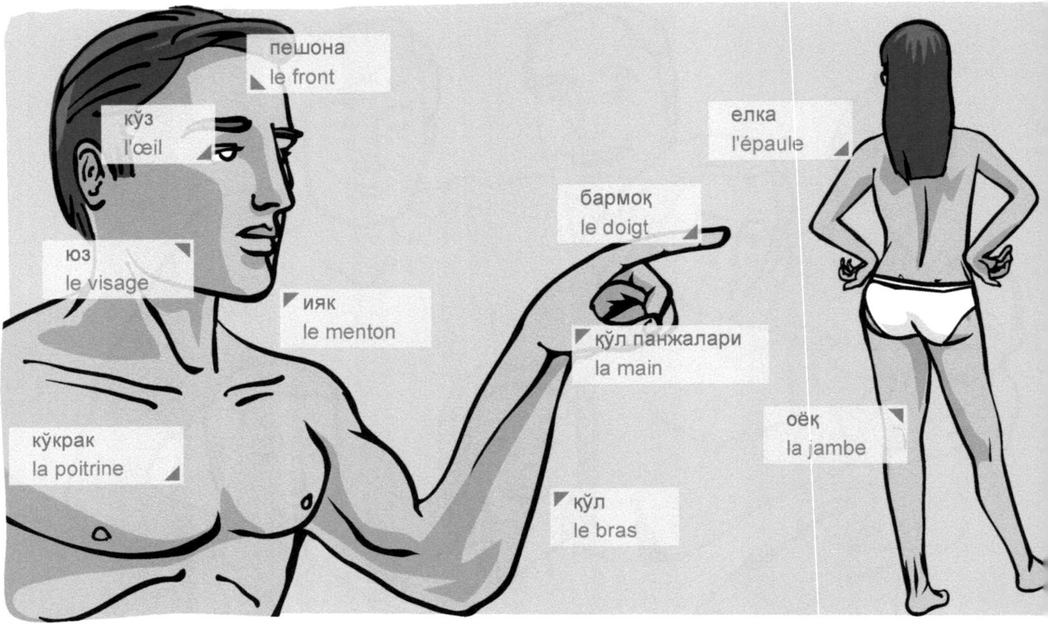

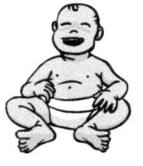

чақалоқ

le bébé

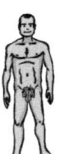

одам

l'homme

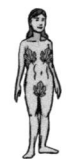

аёл

la femme

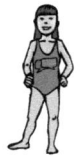

қиз бола

la fille

ўғил бола

le garçon

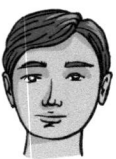

бош

la tête

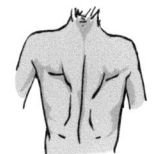

орқа

le dos

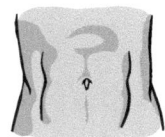

қорин

le ventre

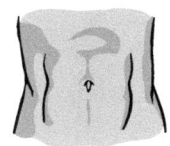

киндик

le nombril

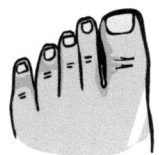

оёқ панжаси

l'orteil

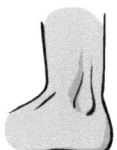

товон

le talon

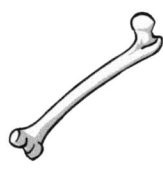

суяк

l'os

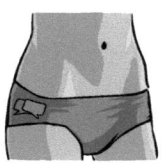

бел

la hanche

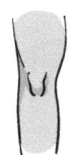

тизза

le genou

тирсак

le coude

бурун

le nez

думба

les fesses

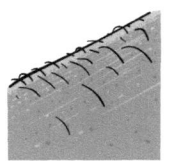

тери

la peau

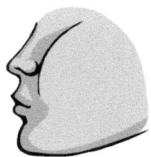

яноқ

la joue

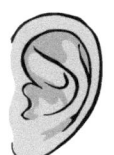

қулоқ

l'oreille

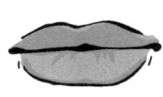

лаб

la lèvre

тана - le corps

оғиз

la bouche

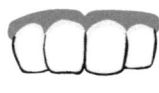

тиш

la dent

тил

la langue

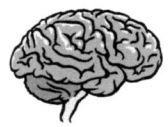

мия

le cerveau

юрак

le cœur

мушак

le muscle

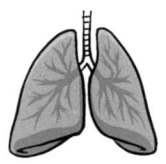

ўпка

les poumons

жигар

le foie

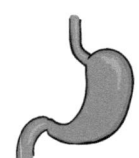

ошқозон

l'estomac

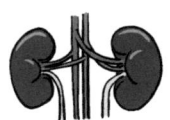

буйрак

les reins

жинсий алоқа

le rapport sexuel

презерватив

le préservatif

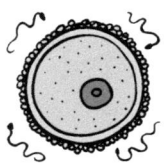

тухум ҳўжайра

l'ovule

уруғ

le sperme

ҳомиладорлик

la grossesse

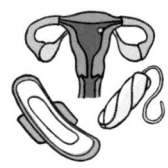

ҳайз

la menstruation

бачадон

le vagin

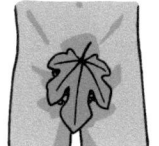

олат

le pénis

қош

le sourcil

соч

les cheveux

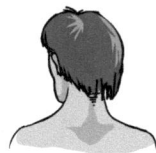

бўйин

le cou

шифохона

l'hôpital

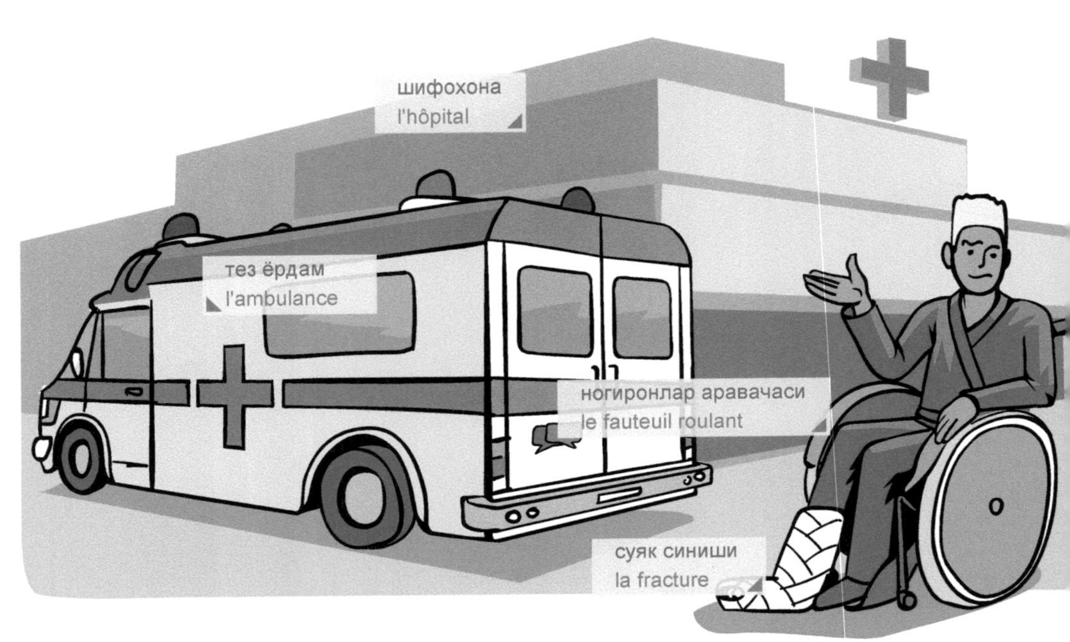

шифохона
l'hôpital
тез ёрдам
l'ambulance
ногиронлар аравачаси
le fauteuil roulant
суяк синиши
la fracture

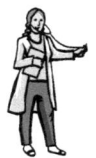

шифокор

le médecin

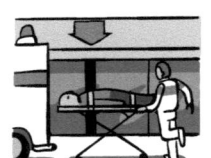

Шошилинч тиббий ёрдам кўрсатиш бўлими

le service des urgences

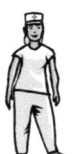

ҳамшира

l'infirmière

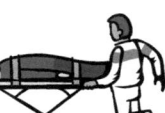

тез ёрдам

l'urgence

ҳушсизлик

inconscient

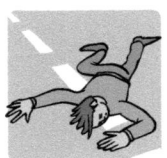

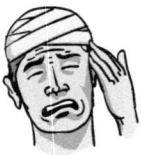

оғриқ

la douleur

жароҳат

la blessure

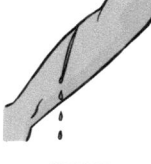

қонаш

l'hémorragie

юрак хуружи

la crise cardiaque

инсульт

l'attaque cérébrale

аллергия

l'allergie

йўтал

la toux

иситма

la fièvre

тумов

la grippe

ич кетиш

la diarrhée

бош оғриғи

le mal de tête

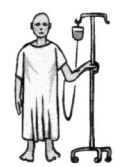

саратон касали

le cancer

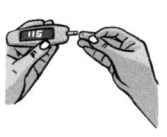

қандли диабет

le diabète

жарроҳ

le chirurgien

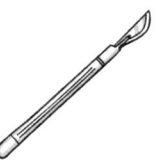

жарроҳ пичоғи

le scalpel

жарроҳлик амалиёти

l'opération

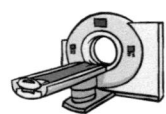

томография

le CT

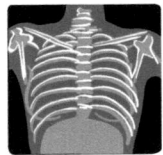

рентген

la radiographie

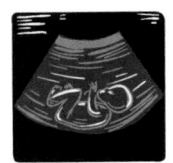

ултратовуш текшируви

l'échographie

юз ниқоби

le masque

касаллик

la maladie

қабулхона

la salle d'attente

кўлтиқтаёқ

la béquille

малҳамли пластир

le pansement

бинт

le pansement

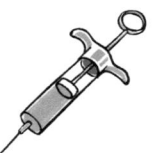

укол

l'injection

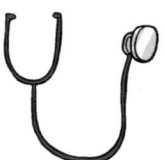

юрак урушини ва ўпкани
эшитиб кўрадиган асбоб

le stéthoscope

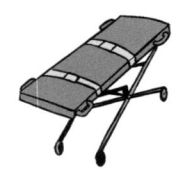

беморлар учун замбил

le brancard

термометр

le thermomètre

туғруқ

l'accouchement

семизлик

la surcharge pondérale

эшитиш мосламаси

l'appareil auditif

дезинфекцияловчи восита

le désinfectant

инфекция

l'infection

вирус

le virus

ОИВ / ОИТС

le VIH / le sida

дори

le médicament

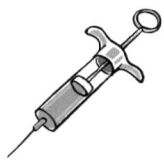

эмлаш

la vaccination

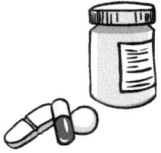

таблетка

les comprimés

дори

la pilule

тез ёрдам қўнғироғи

l'appel d'urgence

қон босимини ўлчаш асбоби

le tensiomètre

касал / соғлом

malade / sain

Ёрдам беринглар!

Au secours !

тажовуз

l'assaut

хавф-хатар ишораси

l'alarme

ҳужум

l'attaque

хавф

le danger

фавкулодда ҳолатларда
чиқиш эшиги

la sortie de secours

Ёнғин!

Au feu!

ўт ўчиргич

l'extincteur

фалокат

l'accident

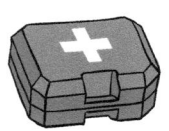

биринчи тиббий ёрдам
тўплами

la trousse de premier
secours

фалокат сигнали

SOS

полиция

la police

Европа

l'Europe

Шимолий Америка

l'Amérique du Nord

Жанубий Америка

l'Amérique du Sud

Африка

l'Afrique

Осиё

l'Asie

Австралия

l'Australie

Атлантик океани

l'Océan atlantique

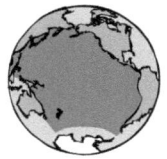

Тинч океани

l'Océan pacifique

Ҳинд океани

l'Océan indien

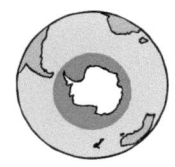

Антарктида океани

l'Océan antarctique

Арктика океани

l'Océan arctique

Шимолий қутб

le Pôle nord

Жанубий қутб

le Pôle sud

Антарктика

l'Antarctique

Ер

la terre

ўлка

le pays

денгиз

la mer

орол

l'île

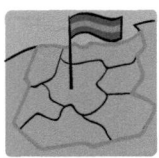

миллат

la nation

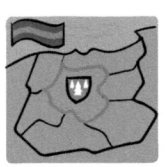

давлат

l'état

астрономик вақт
кўрсатгичи

le cadran

соат мили

l'aiguille des heures

дақиқа мили

l'aiguille des minutes

сония мили

l'aiguille des secondes

Соат неча?

Quelle heure est-il ?

кун

le jour

вақт

le temps

ҳозир

maintenant

рақамли соат

la montre digitale

дақиқа

la minute

соат

l'heure

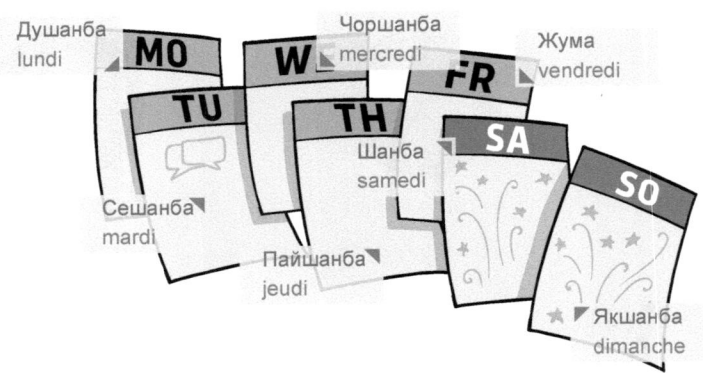

Душанба — lundi
Чоршанба — mercredi
Жума — vendredi
Сешанба — mardi
Шанба — samedi
Пайшанба — jeudi
Якшанба — dimanche

кеча

hier

бугун

aujourd'hui

эртага

demain

эрталаб

le matin

пешин

le midi

кечқурун

le soir

MO	TU	WE	TH	FR	SA	SU
1	2	3	4	5	6	7
8	9	10	11	12	13	14
15	16	17	18	19	20	21
22	23	24	25	26	27	28
29	30	31	1	2	3	4

иш кунлари

les jours ouvrables

MO	TU	WE	TH	FR	SA	SU
1	2	3	4	5	6	7
8	9	10	11	12	13	14
15	16	17	18	19	20	21
22	23	24	25	26	27	28
29	30	31	1	2	3	4

дам олиш кунлари

le week-end

ёмғир
la pluie

камалак
l'arc-en-ciel

қор
la neige

шамол генератори
le vent

баҳор
le printemps

куз
l'automne

ёз
l'été

қиш
l'hiver

4.APRIL	11°	☀
5.APRIL	4°	☁
6.APRIL	13°	☂
7.APRIL	8°	☀
8.APRIL	10°	☀

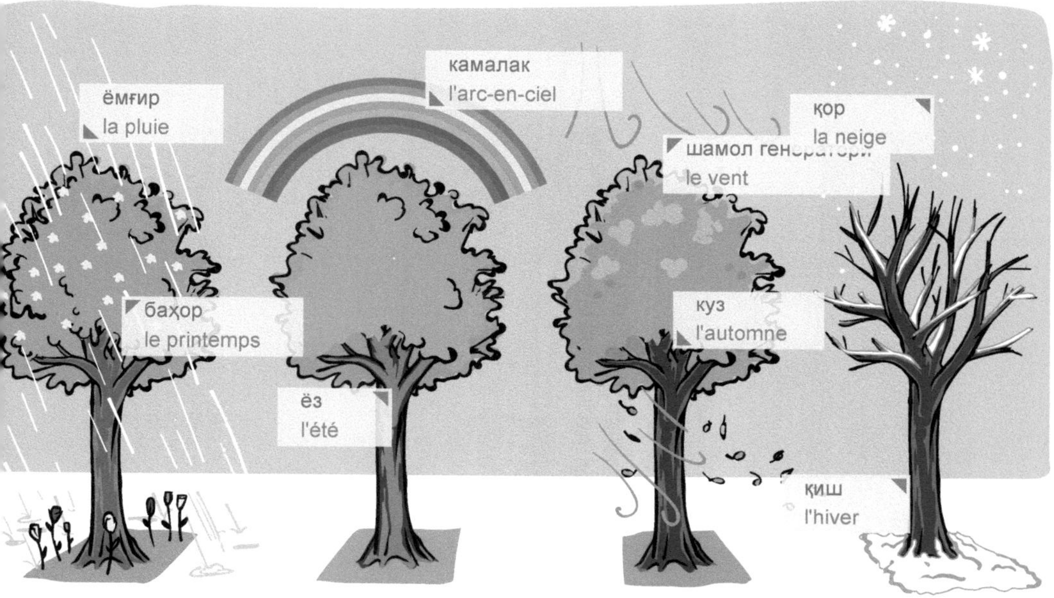

об-ҳаво маълумоти

la météo

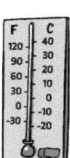

термометр

le thermomètre

қуёшли

la lumière du soleil

булут

le nuage

туман

le brouillard

намгарчилик

l'humidité

чақмоқ

la foudre

момоқалдироқ

la tonnerre

бўрон

la tempête

дўл

la grêle

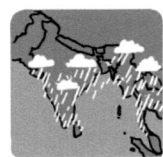

намгарчилик мавсуми

la mousson

тошқин

l'inondation

муз

la glace

Январь

janvier

Февраль

février

Март

mars

Апрель

avril

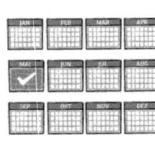

Май

mai

Июнь

juin

Июль

juillet

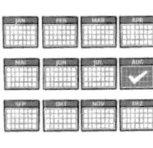

Август

août

йил - l'année

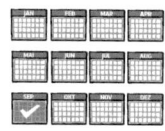

Сентябрь
....
septembre

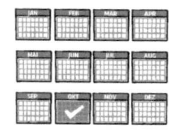

Октябрь
....
octobre

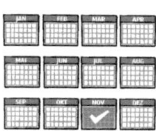

Ноябрь
....
novembre

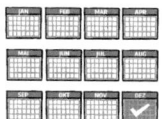

Декабрь
....
décembre

шакллар
les formes

айлана
....
le cercle

квадрат
....
le carré

тӱртбурчак
....
le rectangle

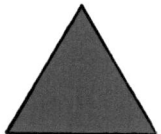

учбурчак
....
le triangle

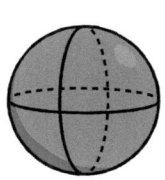

доира
....
la sphère

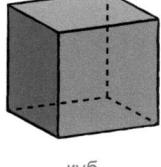

куб
....
le cube

оқ
....
blanc

сариқ
....
jaune

сабзи ранг
....
orange

пушти
....
rose

қизил
....
rouge

тўқ қизил
....
violet

кўк
....
bleu

яшил
....
vert

жигар ранг
....
marron

кул ранг
....
gris

қора
....
noir

кўп / оз

beaucoup / peu

ғазабли / хотиржам

fâché / calme

гўзал / хунук

joli / laid

боши / охири

le début / la fin

катта / кичик

grand / petit

ёруғ / қоронғу

clair / obscure

ака / сингил

frère / soeur

тоза / ифлос

propre / sale

тўлиқ / чала

complet / incomplet

кун / тун

le jour / la nuit

ўлик / тирик

mort / vivant

кенг / тор

large / étroit

еса бўладиган / еса
бўлмайдиган

comestible / incomestible

ёвуз / хайрли

méchant / gentil

ҳаяжонли / зерикарли

excité / ennuyé

семиз / озғин

gros / mince

биринчи / охирги

le premier / le dernier

дўст / душман

l'ami / l'ennemi

тўла / бўш

plein / vide

қаттиқ / юмшоқ

dur / souple

оғир / енгил

lourd / léger

очлик / чанқов

faim / soif

касал / соғлом

malade / sain

ноқонуний / қонуний

illégal / légal

зиёли / калтафаҳм

intelligent / stupide

чап / ўнг

gauche / droite

яқин / узоқ

proche / loin

янги / ишлатилган

nouveau / usé

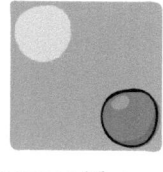

ҳеч нарса / бир нарса

rien / quelque chose

қари / ёш

vieux / jeune

ёниқ / ўчиқ

marche / arrêt

очиқ / ёпиқ

ouvert / fermé

паст / баланд

faible / fort

бой / камбағал

riche / pauvre

тўғри / нотўғри

correct / incorrect

нотекис / текис

rugueux / lisse

хафа / хурсанд

triste / heureux

қисқа / узун

court / long

секин / тез

lent / rapide

нам / қуруқ

mouillé / sec

илиқ / салқин

chaud / froid

уруш / тинчлик

la guerre / la paix

0

ноль

zéro

1

бир

un / une

2

икки

deux

3

уч

trois

4

тўрт

quatre

5

беш

cinq

6

олти

six

7

етти

sept

8

саккиз

huit

9

тўққиз

neuf

10

ўн

dix

11

ўн бир

onze

12
ўн икки
douze

13
ўн уч
treize

14
ўн тўрт
quatorze

15
ўн беш
quinze

16
ўн олти
seize

17
ўн етти
dix-sept

18
ўн саккиз
dix-huit

19
ўн тўққиз
dix-neuf

20
йигирма
vingt

100
юз
cent

1.000
минг
mille

1.000.000
миллион
le million

Инглиз

l'anglais

Америкача инглиз тили

l'anglais américain

Хитой тилининг Мандарин лаҳчаси

le chinois mandarin

Ҳинд

le hindi

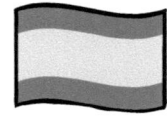

Испан

l'espagnol

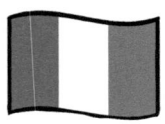

Француз

le français

Араб

l'arabe

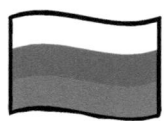

Рус

le russe

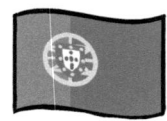

Португал

le portugais

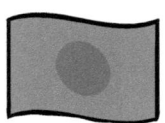

Бенгал

le bengali

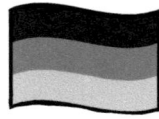

Немис

l'allemand

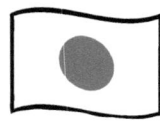

Япон

le japonais

Мен

je

Сен

tu

у / у / у

il / elle / ce, c', cela

биз

nous

сизлар

vous

улар

ils / elles

ким?

Qui ?

нима?

Quoi ?

қандай?

Comment ?

қаерда?

Où ?

қачон?

Quand ?

исм

le nom

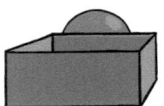

орқада

derrière

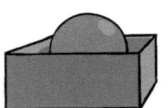

ичида

dans

олдида

devant

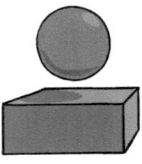

узра

au-dessus

устида

sur

тагида

en-dessous

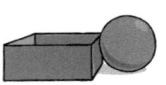

ёнида

à côté de

ўртасида

entre

жой

le lieu